mom to mom
운·영·가·이·드

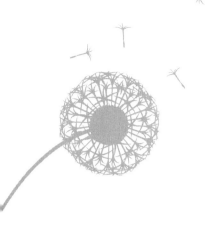

저자 소개

린다 앤더슨(Linda Anderson)은 하나님의 말씀을 향한 사랑과 엄마들을 향한 애정에서 1991년에 맘투맘(Mom to Mom)을 설립했다. 그 당시 린다와 그녀의 남편 우디(Woody)는 세 아이, 브연(Bjorn), 라스(Lars), 에리카(Erica)를 키우고 있었다. 현재 린다와 우디의 자녀들은 다 성인이 되어 결혼했고, 린다와 우디는 두 명의 귀여운 손자인 벵트(Bengt)와 소렌(Soren)를 얻은 복을 누리고 있다.

린다는 교육자이자 독서 전문가(일리노이주 휘튼 대학에서 문학학사 학위와 텍사스 대학에서 교육학 석사 학위를 취득)로서의 경력을 갖고 있다. 그녀는 공립학교와 기독교 학교들에서 가르쳤고 메사추세츠 렉싱톤에 위치한 그레이스 채플에서 성인교육 디렉터로 봉사했다. 다독가이자, 집회와 세미나, 수양회의 열정적인 강사로 활동하는 그녀는 자신의 풍부한 인생경험과 독서를 성경에 기초한 저술과 가르침에 접목시키고있다. 하나님을 향한 린다의 사랑과 하나님과의 친밀한 동행은 그녀를 만났거나 맘투맘 교재를 사용하는 모든 이들에게분명하게 드러난다.

맘투맘 한국어 번역판을 위한 서문을 쓰게 된 것은 큰 특권입니다! 맘투맘 사역이 20년전에 시작되었을 때, 세 명의 젊은 엄마들은 "어떻게 하면 경건한 엄마로서 크리스천 가정을 세울 수 있을까?"라는 질문을 하였습니다. 그 질문에 대한 답을 얻으려면 두 가지가 필요하다는 것을 그 엄마들은 깨달았습니다. 먼저, 자녀양육에 관한 성경적 가르침을 아는 것이며, 또 하나는 그들의 삶에서 '디도서 2장의 여성'과 같은 인도와 후원이 필요하다는 것이었습니다.

디도서 2:3-4을 보면, 하나님께서는 나이 많은 여성들에게 더 젊은 여성들을 가르치고 격려하여 그들의 남편들과 자녀들을 사랑하게 하라고 분부하셨습니다. 그때 처음 모인 세 명의 여성들은 저에게 부탁했습니다. "당신은 하나님이 디도서 2장에서 가리키신 그 여성이라고 생각하지 않으세요?" 저도 그렇게 생각했습니다. 그리고 그러한 신념에서, 맘투맘 사역이 시작됐습니다.

맘투맘은 자녀양육과 엄마로서의 삶을 살아가는 여러분에게 손을 내밉니다. 이 교재는 제 마음으로부터, 그리고 하나님의 말씀에 근거해서 집필되었습니다. 베드로후서 1:3을 보면, "그의 신기한 능력으로 생명과 경건에 속한 모든 것을 우리에게 주셨으니…"라는 말씀이 나옵니다. 우리에게 필요한 모든 것을 주셨습니다! 저는 이 말씀에 우리가 엄마로서 하나님을 영화롭게 하고 남편과 자녀를 어떻게 잘 사랑할 수 있을지를 알기 위해서 필요한 모든 것들도 포함된다고 믿습니다.

저는 또한 하나님께서 우리에게 혼자서 자녀를 양육하라고 의도하지는 않으셨다고 믿습니다. 엄마가 된다는 것은 때로 외로운 일입니다. 그래서 우리는 서로가 필요합니다. 맘투맘을 통해서 우리는 여러분에게 손을 내밉니다. 제가 쓴 모든 내용은 저의 경험에서부터 비롯되었습니다. 엄마가 된다는 것은 제가 했던 일들 가운데 가장 어려운 일이면서, 가장 놀라운 일이기도 합니다. 하나님의 도우심과 다른 엄마들, 특히 저보다 앞서 자녀양육의 여정을 갔던 엄마들의 격려가 없었다면 저는 이 일을 감당할 수 없었을 것입니다.

맘투맘 사역이 탄생한 이후로, 이 사역은 많은 엄마들에게 생명줄이 되었습니다. 저는 맘투맘 한국어판이 그와 같은 생명줄을 한국 전역의 더 많은 엄마들에게로 던져주기를 소망하고 기도합니다. 이 사역을 통해서 저도 여러분에게 손을 내밉니다. 도움과 소망, 그리고 마음과 마음이 통하는 격려의 손입니다. 여러분에게 자녀들을 주었고 당신이 그 자녀들을 키우는데 필요한 모든 것을 주시는 그 하나님을 가리키는 손입니다. 여러분이 엄마로서 배우고 자랄 때에 하나님께서 복내리시기를!

맘투맘 사역(Mom to Mom Ministries)의 대표이며 저자인 린다 앤더슨

Linda

차 례

맘투맘의 미션

> "우리는 그리스도의 사도로서 마땅히 권위를 주장할 수 있으나 도리어 너희 가운데서 유순한 자가 되어 유모가 자기 자녀를 기름과 같이 하였으니 우리가 이같이 너희를 사모하여 하나님의 복음 뿐 아니라 우리의 목숨까지도 너희에게 주기를 기뻐함은 너희가 우리의 사랑하는 자 됨이라."(살전 2:7-8)

맘투맘은 디도서 2:3-4의 "늙은 여자로는 이와 같이 행실이 거룩하며 모함하지 말며 많은 술의 종이 되지 아니하며 선한 것을 가르치는 자들이 되고 그들로 젊은 여자들을 교훈하되 그 남편과 자녀를 사랑하며…"라는 말씀에 근거를 두는 사역이다. 따라서 소그룹 리더들은 모두 '디2 여성'이라 불린다. 맘투맘은 그리스도인과 비그리스도인, 기혼맘과 싱글맘 모두가 엄마됨의 기쁨과 실망을 나누고, 하나님께서 부모들에게 주신 목적과 약속을 탐구하는 안전한 장소다. 맘투맘은 엄마들의 바쁘고 정신없는 일상의 과제들 속에서 오아시스를 제공하고자 한다. 맘투맘은 다음과 같은 장소가 될 것이다.

- 성경에 기초한 가르침을 통해서 자녀교육을 잘 할 수 있도록 준비시키는 곳

- 비슷한 도전에 직면해 있는 다른 엄마들과 나눌 수 있도록 격려하는 곳

- 더욱 경험 많은 엄마들과 동료 엄마들로부터 사랑의 지원을 받아 충전되는 곳

왜 맘투맘인가?

A. 필요성: 엄마들은 자녀교육의 도움과 그들을 지지해줄 관계를 찾고 있다.

B. 기회: 엄마들은 맘투맘 모임으로 인해 교회에 적극적으로 올 수 있다.

C. '다리 역할': 맘투맘은 그리스도께 대한 신앙으로 연결되는 다리를 제공할 수 있다.

D. '디도서 2장 모델' (디도서 2:3-4): 교회에 다니는 엄마들과 교회에 다니지 않는 엄마들 모두가 좋은 역할 모델을 원하며 필요로 한다.

E. 멘토 기능: 맘투맘은 '나이 많은' 엄마들에게 디도서 2:3-4에 제시된 대로 자신들의 역할을 수행할 수 있는 장소와 기회를 제공한다.

F. 이중 목적: 맘투맘은 신앙을 찾는 가정들을 도울 뿐 아니라 그리스도인 가정들을 견고하게 해주도록 설계되었다.

맘투맘을 해야 할 엄마들은 누구인가?

A. 관계적으로: 그들은 외로울 수 있다.

B. 경력 면에서: 그들은 다양하다.

C. 지적으로: 그들은 실질적 내용을 원한다.

D. 영적으로: 그들은 삶의 기준을 찾는다.

E. 도덕적으로: 그들은 역할 모델을 보고 싶어한다.

우리 교회에서 맘투맘에 관심을 가질 엄마들:

_____   _____

_____   _____

_____   _____

_____   _____

_____   _____

엄마들은 무엇을 찾는가?

A. 동료 관계: 소그룹은 생명줄이다.

B. 견고한 가르침: 제시되는 설명은 지적이고 흥미로워야 하며, 실제적이고 성경에 기초해야 한다.

C. 멘토맘: 디2 리더들은 이 '사역의 맥박'이다. 이들 디2 리더들은 경건하고, 성숙하며, 경험이 있는 엄마들로서 사랑과 돌봄의 마음을 갖고 하나님의 지혜를 따라야 한다.

커리큘럼은 어떻게 구성되었는가?

맘투맘 커리큘럼은

- 성경에 기초하였다.

- 신앙 구도자에게 친숙하도록 만들어 졌다.

- 지적인 자극이 된다.

- 성경에 충실하면서도 현재의 트렌드를 인식한다.

- 경험 있는 엄마들의 머리와 심장 모두를 통해서 전달된다.

- 결혼과 자녀교육의 본질적인 문제들을 실제적으로 집중해서 다룬다.

- 엄마들 사이에 공동체를 세우면서도 토론과 적용이 활성화되도록 구성되었다.

맘투맘 커리큘럼에 관한 구체적인 내용은 이 책 후반부의 '커리큘럼'란을 보라.

맘투맘 시작하기

기도와 계획

모든 효과적인 사역이 그렇듯이, 기도는 맘투맘의 '백미'라 할 수 있다. 「주님은 나의 최고봉」(My Utmost for His Highest)을 쓴 오스왈드 챔버스(Oswald Chambers)는 "기도는 더 큰 일을 하기 위해서 우리에게 필요한 것이 아니다. 기도가 바로 더 큰 일이다."라고 말했다. 만일 사역이 성공하려면, 반드시 기도로부터 신중하고 섬세한 계획이 나와야 한다.

기도 팀 모으기

이런 모임이 당신의 교회에서 꼭 필요하다는 확신을 지닌 헌신된 여성들을 모아 소그룹을 구성하라. 규칙적으로 모여서 다음을 위한 하나님의 방향을 놓고 기도하라.

- 엄마들을 향한 교회의 사역적 비전
- 하나님이 보내실 어머니들을 위한 관심과 필요, 그리고 마음의 준비
- 팀 리더와 등록 및 여러 행정 담당자들이 포함될 맘투맘 리더 팀 구성
- 디2 리더들의 선발
- 탁아 사역 담당자와 탁아 프로그램의 방침 결정
- 프로그램 홍보 - 교회와 지역사회에 소개할 방법
- 당신의 지역 교회나 지역 공동체에 어울리는 관심사 발견

처음 모인 기도 팀은 다음과 같은 지속적인 기도 팀으로 발전하는 것이 이상적이다.

- 경험 있는 '디2' 여성들
- 그들보다 젊은 엄마들 (젊은 엄마들의 필요에 분명하게 집중할 수 있도록)
- '기도하는 엄마들'이라고 부를 수 있는 '다른 경건한 여성들'

기도 팀은 그들이 아는 한도에서 이 사역과 엄마들의 구체적인 필요를 위해서 기도하는 일에 헌신할 것이다. 기도 팀의 여성들은 맘투맘에 참석하지 못하거나 관여 안 할 수도 있다. 그러나 그들이 맡은 기도의 역할은 이 사역의 중심에 있다. (맘투맘 코리아 홈페이지(http://momtomom.kr)의 '기도 팀 편지'를 참조하라.)

우리의 기도 팀:

```
_____        _____

_____        _____

_____        _____

_____        _____
```

맘투맘 사역의 계획

맘투맘 사역을 계획할 때, 너무 어린 자녀를 둔 엄마들의 어깨에 무거운 책임을 부과하진 말아라. 자칫 프로그램의 실행력과 안정성이 위험해질 수 있기 때문이다. 하지만 그래도 이 프로그램이 젊은 엄마들의 생생한 필요에 맞춰지는 것은 매우 중요하다. 이들 여성들이 정말로 원하는 것이 무엇이며, 어떤 것이 적절하고 어떤 것은 불필요한지 등에 관한 이해가 필요하다. 사역이 견고해지려면 양질의 기획은 필수적이다. 따라서 탁월한 리더십 팀을 형성하는 것은 대단히 중요하다.

당신의 교회에서 (혹은 몇몇 교회들이 공동으로) 맘투맘 사역을 실행할 예정이라면, 당신의 교회로부터 다음과 같은 헌신들을 이끌어 내는 게 중요함을 유념하라.

- 기도의 후원
- 필요한 경우의 홍보 지원과 행정적 후원
- 재정적 도움: 강사, 교재구입, 물품, 탁아비용, 형편이 어려운 엄마들을 위한 등록금 지원 등의 프로그램 비용을 대줄 수 있으면 좋다.
- (다음의 모임들을 위한) 공간 확보
    - 전체 모임
    - 소그룹 토론(거룩한 수다)
    - 탁아방
    - 전체 그룹 브런치와 강좌

주의: 그룹들의 구체적인 필요와 요구들이 다양하기 때문에, 위의 예들은 종합적인 가이드라인이 아니라 단지 맘투맘 사역을 시작하기 위해 당신의 교회에서 필요한 것들을 생각하게 해보려는 것뿐이다.

사역을 위한 예산 운용

여느 사역과 마찬가지로, 맘투맘에도 재정이 필요하다. 당신의 교회에서 예산을 편성할 때 필요한 지출 계획이 반영되게 하라. 교회에서 필요한 모든 비용을 대줄 수도 있고, 아니면 일부만 대줄 수도 있다. 일부 비용만 지원할 경우, 엄마들은 연간 프로그램 등록비로 5-6만원의 회비를 내고 탁아에 소요되는 비용은 별도로 지불해야 한다. 탁아 비용은 횟수별로 지불하거나 학기제로 지불하기도 한다. 안타깝게도, 어떤 교회들은 예산 지원을 전혀 못해주는 경우도 있다. 만일 당신의 교회가 그렇다면, 이 사역에 대한 관심과 격려, 그리고 가장 중요한 기도(또한 공간도 제공해준다면 좋다)의 후원을 반드시 받도록 하라.

아래에서 제시된 목록은 맘투맘 예산에 포함될 수 있는 항목들을 파악하기 위함이다. 목록을 보면, 어떤 항목들이 다른 항목보다 비용 책정에서 우선순위를 갖기도 할 것이다. 어떤 항목들은 기부를 통해 채워질 수 있음을 유념하라. 당신의 교회에서 맘투맘을 어떤 식으로 실행할지를 결정하는 것은 대체로 예산 현황에 달려 있다. 모든 사역의 특징이긴 하지만, 기도는 이 모든 고려 사항들의 대 전제가 된다.

1. 탁아: 양질의 탁아 서비스가 없는 사역은 지속적으로 발전하거나 활성화될 수 없다. 양질의 탁아에는 돈이 든다.

   탁아 비용에 포함되는 것들:
   - 스탭들
   - 교재
   - 간식
   - 각종 물품들: 소모품(휴지, 고무장갑, 세제, 장식재료 등)과 비소모품(장난감, 책, 성경, 퍼즐, 블록 등과 같은 필요 비품 및 용품 등)

2. 맘투맘 커리큘럼

- 운영 가이드: 팀 리더에게 필요하다. 동역 리더가 있을 경우에도 운영가이드가 추가로 필요하다.
- 디2 리더 가이드: 모든 디2 리더들과 보조 리더, 그리고 팀 리더에게 하나씩 필요하다.
- 멤버북: 참석하는 모든 엄마들에게 한권씩 필요하며, 디2 리더들과 팀 리더들에게도 물론 필요하다.
- 성경: 성경이 없는 엄마들을 위해서 준비하라.

3. 교제시간과 커피 / 브런치 재료

- 종이 컵이나 종이 접시 등의 식기 도구들
- 커피, 크림, 설탕, 각종 차, 핫쵸코 등
- 커피 포트 (커피와 뜨거운 물 용도로)
- 테이블 보, 테이블 장식품 등

4. 홍보
- 종이
- 인쇄
- 디자인 작업
- 우표

5. 특별 강사 사례비

6. 실용 강좌를 위한 사례비와 필요 물품들

7. 선물: 리더팀과 디2 리더들을 위한 감사의 선물과 엄마들을 위한 작은 성탄 선물

8. 특별 행사 (특별 강사, 게스트 연주가 등)
- 기념 브런치
- 종강 기념 브런치

9. 리더 수련회

10. 공간 임대: 때때로 새로 개척한 교회들은 임대한 공간에서 사역을 하기도 한다. 당신의 교회가 그러한 경우라면, 맘투맘 프로그램과 탁아를 위한 공간을 임대할 수 있도록 재정을 할당하라.

리더 선발

리더 팀은 맘투맘 사역에 방향을 제시하기 때문에, 팀 멤버들을 선발하는 일은 전체 프로그램에 활력을 불어 넣고, 사실상 프로그램의 실행을 가능하게 하는 열쇠라 할 수 있다. 하나님께 머리, 마음, 손으로 하나님의 일과 하나님의 여인들을 위해 헌신하는 자발적인 사역자들 뿐 아니라 함께 선한 일에 참여할 사람들을 보내달라고 기도하라. 당신에게는 열심히 일하는 팀이 물론 필요하다. 그러나 이들을 선발하는 과정은 매우 재미있을 것이다!

당신의 팀을 구성할 때 다음의 역할들을 고려하라.

- 맘투맘 팀 리더
- 디2 리더 (이들을 디2 엄마로 부를 수도 있다.)
- 재정 및 회원관리 담당
- 탁아 코디네이터
- 환대 코디네이터
- 홍보 코디네이터
- 운영 코디네이터

리더팀에서 봉사할 수 있는 여성들의 이름을 아래에 적으라.

이 름	역 할
_____	_____
_____	_____
_____	_____
_____	_____
_____	_____
_____	_____

맘투맘 팀 리더(들)

팀 리더가 맘투맘 사역 전반을 지휘하기 때문에 맘투맘 프로그램의 성공은 상당부분 이 역할에 달려 있다. 따라서, 팀 리더를 뽑는 결정은 신중하게 기도를 통해 이루어져야 한다. 역할의 절대적 중요성과 수반되는 시간의 헌신을 감안할 때, 동역 리더들을 두는 것도 고려해봄직하다. 이러한 리더들을 발굴하는 일이 맘투맘 사역을 시작하고자 하는 그룹에게는 가장 큰 도전이다. 팀 리더들의 구체적인 책임은 다양하다. 대체로 맘투맘 팀 리더의 인품, 리더십 스타일, 그리고 무엇보다도 영적 헌신도에 따라 전체 프로그램의 향방이 결정된다. 기도로 선별하라!

하나님께서 맘투맘을 위한 팀 리더로 선택하신 여성은 다음과 같아야 한다.

- 성숙한 그리스도인 아내이자 경험 있는 어머니
- 하나님 말씀에 관한 지식을 갖춘 경험 있는 리더
- 경건한 가정을 세우기 위하여 자신들의 중대한 역할을 통해 젊은 어머니들의 필요를 채워주고, 또한 그들을 격려하는 일에 강력한 소명을 느낌
- 세속적인 자녀교육과 기독교적 자녀교육의 쟁점들을 성경에 비추어 분별하는 관점을 숙지함
- 리더십 팀과 디2 리더들의 선정, 훈련, 양육, 개발의 책임을 감당함
- 맘투맘 전체 그룹 모임 때 엄마들을 환영하는 분위기를 조성하고 강사를 소개하며 매번 모일 때마다 참석해서 인사할 수 있어야 함
- 소그룹 편성을 감독하고 참석한 엄마들과 디2 리더들이 잘 연결되도록 기도하며 관찰함.
- 디2 리더가 결석했을 경우 소그룹 인도를 대신함
- 교회 목회자들과의 연락을 담당함

디2 리더들

디2 리더들은 사실상 이 사역의 심장부에 있기 때문에, 기도로 신중하게 잘 선발되어야 한다. 자원자를 모집해서 선정하지 않도록 하라. 당신의 교회나 공동체에서 결혼과 육아에 대해서 균형 잡힌 관점을 지닌 경험 있는 어머니라 할 수 있는 몇 명의 경건한 여성들을 찾으라. 이 여성들이 8-10명의 어머니들로

구성된 소그룹을 인도하고 양육할 수 있으며, 또한 그럴 의향이 있는지를 확인하라. 필요한 디2 리더들의 숫자는 당신이 예상하는 그룹의 규모에 달려 있다. (이러한 여성들을 선발하고 훈련시키는 구체적 지침에 관해서 디2 리더 가이드를 보라.) 디2 리더들은 다음과 같은 일에 헌신한다.

- 양질의 맘투맘 사역을 제공하는데 필요한 시간

- 맘투맘 리더들을 위한 정기 일정

- 맘투맘 모임 사이에 엄마들과 연락 취하기

- 리더들의 상호 후원과 문제 해결, 기도, 리더 훈련을 위한 주기적인 팀 협력 체계 구축

디2 리더들에게 위에 열거된 헌신 사항들에 기꺼이 동의하는 서약서에 서명을 하게 할 수도 있다. 디2 리더들이 헌신하는 만큼 이 사역은 든든해질 것이다.

디2 리더 후보자들의 이름을 기도하는 마음으로 적으라.

이　름	역　할

보조 디2 리더

다른 사역과 마찬가지로, 디2 리더가 부재할 경우를 대비해서 그 자리를 대신해줄 보조 리더가 필요할 것이다. 디2 리더들을 선발할 때, '보조 디2 리더'가 될 만한 사람들도 추가로 선정하라. 이러한 잠재적 리더들은 맘투맘 모임 전후에 디2 리더들과 만나야 하고, 아울러 맘투맘 뒤풀이와 다른 훈련 시간에도 참석하는 것이 좋다. 보조 리더들도 소그룹에 배정이 되긴 하지만 언제라도 필요할 때는 그룹을 인도할 준비가 되어있어야 한다. 맘투맘 사역과 전체 교회 가족을 둘러보면서, 리더로 성장할 수 있는 잠재적인 보조 리더들이 있는지 항상 살펴보라.

리더 팀의 다른 역할들

등록 및 재정담당

등록과 재정을 담당한 사람은 맘투맘에 관심있는 예비 멤버들이 처음으로 접촉하게 되는 매우 중요한 역할을 맡고 있는 것이다. 대부분의 그룹에서 등록 담당자는 엄마들이 (자신들의 디2 리더를 빼고는) 가장 잘 안다고 생각하는 사람일 것이다. 실제로, 매주마다 엄마들이 어떠한 질문이나 필요를 안고 왔을 때 등록 담당자가 그들을 맞게 하는 것이 좋다. 엄마들을 맘투맘으로 따뜻하고 환대하는 분위기로 인도해야 한다.

등록 / 재정 담당자의 직무와 자격

- 행정적 기술(컴퓨터에 능숙하면 더 좋다)

- 질문에 답하고, 정보를 취합해서 제공하며, 탁아 관련 문제를 해결하는 등의 '사람을 상대하는 기술'

- 엄마들과 직접 만나거나 통화하거나 또는 이메일로 연락나누기를 즐겨하는 자세

- (교회의 예산 계획에 따른) 재정의 공정하고 적절한 집행 여부 감독

- 팀 리더와 함께 소그룹 배정 의논

- 교재와 사역을 위해 필요한 물품 주문

- 탁아 사역을 위해 필요한 교재와 물품을 탁아 코디와 함께 상의

탁아:
양질의 탁아 사역은 맘투맘 프로그램을 효과적으로 실행하는데 절대적으로 필요하다. 새로운 어머니들은 탁아 사역이 신뢰할만하며 질적으로 우수함을 확신하기 전까지 참석하지 않으려 한다. 탁아 코디네이터로 섬길만한 사람(아마도 돌봐야 할 아이들의 수에 따라 두 명이 필요할 수 있다)을 발굴하라.

탁아 코디네이터의 직무와 자격

- 우수한 탁아 사역의 기획과 헌신
- 맘투맘 참여자 모집, 행정 관리, 훈련, 팀 리더, 탁아 관련 문제 해결사 역할

- 아이들과 탁아 봉사자 수의 비율 조정. 최소한 탁아실에 적어도 두 명의 봉사자는 대기하고 있어야 한다.

- 간단한 성경 배우기 활동과 성경 이야기가 가미된 알찬 프로그램을 아이들에게 매주 제공하라.

탁아 봉사자 선발과 고용은 지속적으로, 시간이 소요되는 과정이다. 이 일을 담당한 탁아 코디네이터에게 충분한 후원과 지원을 제공하라. 대부분 탁아 봉사자들에게는 사례를 지급할 것이다. 따라서 교회에서 탁아 비용을 대주거나, 일부를 지원해줄 것인지, 아니면 등록비에 포함시키거나 별도의 탁아비를 받을 것인지를 결정할 필요가 있다. 탁아 프로그램의 구체적인 사안들은 교회에 따라 크게 달라진다. 하지만 탁아 프로그램이 얼마나 잘 갖추어졌느냐에 따라 맘투맘의 전체 성공 여부가 달라진다 해도 과언이 아니다.

양질의 탁아 봉사자를 확보하는 것은 필수적이다. 탁아 봉사자가 될 만한 사람들의 목록을 작성하라.

환대:

엄마들을 위한 돌봄과 기쁨의 환경을 조성하는 일이 맘투맘 사역에서 필수적이기 때문에, 환대는 중요한 구성요소이다. 환대는 친교와 음식이라는 두 단어로 요약될 수 있다. 보통 환대의 은사가 있는 사람을 찾는 것은 어렵지 않다. 그런 은사의 소유자는 사람을 좋아하고 사람들을 도와서 그들의 주위 상황과 서로를 즐길 수 있는 일 하는 것을 좋아한다.

환대 코디네이터의 직무:

- 행사를 잘 준비하고 진행하도록 3~4명의 팀원을 선발하라.

- 매번 모임 때마다 친교 및 간식 시간을 준비하라.

- 기념 브런치와 같은 특별 행사를 기획하고 준비하라.

- 특별 행사와 강좌 등의 계획에 따라 필요한 것들을 준비하라.

- 맘투맘 모임 때마다 사람들을 환영해줄 엄마 두어명을 선발하라.

- 매회 모임이 끝나면 친교 공간과 간식 테이블 뒷정리 상태를 확인하라.

총괄 운영(Logistics):

맘투맘 사역에는 매번 모일 때마다 다루어야 할 운영 사안들이 생길 것이다. 그러한 이유에서 운영 코디네이터가 필요하다. 맘투맘 프로그램이 교회 내의 다른 프로그램과 공간을 함께 사용한다면, 맘투맘 모임과 특별 행사를 위한 차별화된 세팅이 필요할 것이다. 운영 코디네이터는 맘투맘에서 사용할 방들이 사역의 필요에 맞게 준비되었는지 확인해야 한다.

운영 코디네이터의 직무

- 맘투맘 팀 리더들과 각 모임을 위한 방 배정의 필요를 상의하라.

- 매회 모일 때와 브런치 행사와 같은 특별한 시간을 위한 음료와 간식에 관해서 환대 코디네이터와 상의해서 진행하라.

- 교회 공간 관리를 맡고 있는 담당자와 맘투맘에서 필요한 것들을 상의하라.

- 모임 때 일찍 도착해서 방 배정이 잘 되었는지, 음향 및 영상 장치들이 잘 준비되었는지, 그리고 필요한 경우에 광고를 전달할 수 있는 체계가 되어있는지 확인하라.

- 모든 장비들이 제 자리로 반납되었는지 확인하라.

홍보:

교회의 지원, 리더 팀구성, 탁아서비스 등이 결정되어 이제 맘투맘을 시작할 준비가 되었으면, 참여를 원하는 엄마들에게 소문을 내어 알려줘야 한다. 당신의 교회, 또는 공동체 규모와 성격에 따라, 여러 다양한 방식으로 프로그램을 홍보할 수 있다.

아마도 가장 효과적인 홍보는 입소문일 것이다. 이미 참석하는 친구로부터 권유받는 것이야말로 강력한 동기부여가 된다. 엄마들에게 이웃, 자녀의 학교, 그리고 그들이 참여하는 공동체 그룹의 다른 엄마들을 초대하라고 격려하라. "여러분이 참석을 권유하시면, 그들은 올 것입니다." 그러면 당신은 초대받아 올 엄마들을 맞이할 준비를 해야 한다!

홍보 코디네이터의 직무:

- 맘투맘 프로그램을 교회 내부와 외부 모두에 홍보할 수 있는 방법을 찾으라. (도움이 될 수 있는 내용은 맘투맘 홈페이지(http://momtomom.kr)의 "맘투맘이 나에게 맞는 프로그램일까?"를 참조하라.)

- 맘투맘에 관해서 엄마들에게 알릴 수 있는 계획을 세우라.

다음의 사항을 고려하라:

- 커피와 차를 마시며 만나는 비공식적 모임

- 주보의 간지

- 등록 안내문

- 교회 신문에 기사 게재

- 눈에 잘 띄는 곳의 게시판에 프로그램 안내지 부착

- 교회 홈페이지(http://momtomom.kr)에 상세한 정보 소개

- 가능하다면, 한 주일을 선정하여 프로그램 홍보 부스 설치

- 지역 신문에 기사나 광고 게재

- 지역 사회에 게시물 부착

- 맘투맘 프로그램을 시행하지 못하는 인근 교회에 홍보문 발송

- 지역 라디오나 케이블 TV를 통한 안내

- 친구와 이웃들에게 개인적인 편지나 초대장 발송

- 이메일을 통한 초대

- 맘투맘 내 엄마들과의 연락망 확충

- 맘투맘 뉴스레터 발행 (인쇄나 이메일)

- 교회 홈페이지에 엄마를 위한 공간 지정

안내: '리더 팀의 직무' 목록은 맘투맘코리아 홈페이지(http://momtomom.kr)에서도 볼 수 있다. '직무 사항들'을 출력해서 각 리더들에게 나눠주는 것도 좋다.

맘투맘을 홍보할 수 있는 방법들:

소그룹 만들기

맘투맘 프로그램의 기본 형식은 전체 강좌와 소그룹 토론(거룩한 수다)으로 이루어진다. 디2 리더들은 소그룹의 대화 촉진자이자 격려자로 섬긴다. 소그룹을 구성하는 데에는 많은 기도가 필요하다. 엄마들에 대해서 가장 잘 아는 몇몇 사람들이 맘투맘에 등록한 여성들을 소그룹에 배정하는 일을 담당해야 한다. 당신의 맘투맘 그룹과 행정 팀의 규모에 따라, 이 일에는 팀 리더(들)와 등록담당, 그리고 디2 리더들도 포함될 수 있다. 소그룹의 규모는 등록한 여성의 숫자와 확보한 디2 리더들의 숫자에 따라 달라질 수 있다. 하지만, 8~10명 정도의 그룹이 최적임을 유념하라. 소그룹의 역동성이 결여되면, 더 큰 모임에서 엄마들이 배우고 성장할 수 있는 편안하고 신뢰적 관계의 환경을 세우기가 더욱 힘들어진다.

등록 신청서들을 수집해서 얻은 정보들이 도움이 될 것이며, 당신이 등록자들에 관해서 어떤 경로로라도 알게 된 개인적인 지식이 있다면 이러한 소그룹 배정에 한층 유익할 것이다. 이질적인 사람들을 한 그룹으로 구성하는 것을 전체 원리로 삼으라. 하지만, 당신이 섬겨야 할 대상들 가운데 비슷한 인생의 문제들을 안고 있는 다른 엄마들과 한 그룹이 되어서 도움을 얻고자 하는 필요가 있는지 잘 고려하라. 예를 들어, 특별한 필요를 안고 있는 자녀를 키우고 있거나 사춘기 진입 자녀를 둔 여성들을 한 그룹으로 묶을 수 있다. 중요한 것은 한 그룹 안에서 아무도 혼자라는 느낌을 갖게 하지 않도록 해야 한다는 점이다. 예를 들어 자신의 그룹에서 혼자만 다음과 같은 처지인 것은 바람직하지 않다.

- 싱글맘
- 나이 많은 엄마
- 다자녀 엄마
- 십대 엄마
- 직장과 가정생활의 조화로 갈등하는 여성
- 다문화 가정의 엄마
- 입양 자녀의 엄마
- 특수한 상황의 자녀를 둔 엄마

> 8~10명의 엄마 = 한 소그룹

또한, 당신의 교회에서 영적으로 성숙한 엄마들과 이제 막 신앙을 찾는 구도자 엄마들의 균형을 잘 맞추도록 유의해야 한다. 이러한 원칙들을 염두에 두고, 그룹을 구성하는데 있어서 살펴봐야 할 요소들은 다음과 같다. 각 여성들의 등록신청서를 보면서 다음을 고려하라.

- 자녀 수

- 자녀의 연령 (영유아, 미취학 아동, 학령기. 사춘기 직전 아동, 사춘기 연령)

- 현재의 결혼 상태

- 거주하는 곳

- 과거, 혹은 현재의 직업, 관심사, 또는 취미

- 교회 출석 여부와 대략적인 신앙생활 수준 (알 수 있다면)

- 엄마의 성격(아는 여성의 경우)과 그룹 역동성에 기여할 수 있는 잠재성

- 특별한 삶의 상황이나 알려진 필요들. 예를 들어, 남편이 의료 연수나 군대에 있는 경우, 또는 빈번한 여행을 하는 경우. 재정적, 관계적 위기. 속발성 불임증(secondary infertility)으로 고생하는 경우 등등.

다시 한 번 말하지만, 그룹 배정을 하는 이 모든 일에 있어서 가장 중요한 요소는 기도임을 유념하라. 등록한 사람들의 그룹 배정을 놓고 기도하라. 이 그룹이 엄마들의 성장과 양육에 얼마나 결정적인지를 인식하라. 가능한 한 최고의 그룹이 모여질 수 있도록 최선을 다하라. 오직 하나님만이 각 여성들에게 가장 좋은 자리가 어디인지를 아신다는 사실을 유념하라. 당신이 결코 알 수도 없고 기획하지도 못한 것을 하나님께서 지휘하시는 모습을 보게 될 것이다. 그러므로 "마치 모든 것이 우리에게 달린 것처럼 일하고, 또한 모든 것이 하나님께 달린 것처럼 기도하라." 당신이 수고하는 한 복판에서 하나님이 얼마나 눈부신 일을 행하시겠는가!

> 소그룹을 배정할 때 신실한 마음으로
> 하나님의 인도하심을 구하라

맘투맘의 정수: 디2 리더

소그룹 대화의 촉매자 역할을 하는 디2 리더들은 맘투맘의 맥박이다. 따라서 기도하며 신중하게 그들을 선별하고 그들이 자신들의 책임을 감당하도록 잘 준비되었는지 살펴보라.

오늘날과 같이 급박하게 돌아가는 사회에서는 엄마들에게 요구되는 것들도 끝없이 확장되고 있다. 이러하니, 처음에는 여성 리더들을 찾기가 불가능한 정도는 아니지만 어려워 보일 수 있다. 하지만 기도와 인내의 능력을 결코 과소평가하지 말라. 하나님께서 당신의 교회와 공동체에 속한 나이 많은 여성들을 감화시키셔서 그들에게 더욱 젊은 엄마들과 그들이 직면한 위기에 대해 긍휼히 여기는 마음을 주시기를 기도하라. 또한, 이들 "나이 많은(더욱 경험 있는) 엄마들"은 자신들이 맘투맘을 통해서 젊은 엄마들 못지않게 많이 배우게 된다는 사실을 발견하게 될 것이다.

이 사역이 성장해 가면서, 디2 리더들이 서로 유대감을 갖고 돕게 하라. 한 명의 디2 리더를 선정하며 격려자로 섬기게 하라. 격려자는 디2 리더들에게 격려의 메시지를 보내고 그들의 생일을 기념해서 축하해 주고 때대로 디2 리더들에게 맘투맘 엽서나 그 외의 작은 선물을 준비하는 역할을 맡는다.

당신의 교회에 그 동안 계속해 온 여성들의 성경공부가 있다면, 맘투맘의 리더들을 채우느라 그 모임의 리더들을 빼오지 않도록 하는 것이 중요하다. 맘투맘 프로그램은 궁극적으로 교회의 성경공부 그룹들을 '양성'하는 방향으로 발전되어야 가장 이상적이다. 엄마들은 그리스도께 나아와, 더욱 깊이 있게 성경을 공부하고 싶은 필요를 느낄 수 있도록 성장해야 한다.

> ## 디2 리더들은 맘투맘의 맥박이다

디2 리더의 프로필

다음의 내용은 팀 리더들에게 맘투맘 사역을 위한 디2 리더들의 역할이 무엇인지 혜안을 주고자 정리한 것이다. 디2 리더들의 역할과 직무에 관한 상세한 기술은 리더 가이드를 보라.

누가 디2 리더가 되어야 하는가?

1. 경건한 여성: 확고하고 성숙한 그리스도인으로서의 경험을 지닌 경건한 여성

2. 육아 경험자: 맘투맘 모임에 참여하는 대부분의 어머니들보다 좀 더 많은 육아의 경험이 있는 어머니로서 D2 리더는 할머니가 될 수도 있고, 또는 청소년들이나 청소년 직전 기의 자녀를 거느린 어머니일 수도 있다. 나이 보다는 깊은 경험과 그리스도께 대한 친밀한 헌신이 더욱 중요하다.

3. 좋은 경청자: 엄마들은 자신들의 이야기를 들어주고, 함께 동반자가 되며, 때때로 무엇을 하라고 지시하는 사람이 아니라, 제안을 해줄 사람이 필요하다.

4. 돌보는 여성: 젊은 엄마들과 그들의 가족을 위한 연민과 돌봄의 마음이 있는 여성

5. 지혜의 여성: 엄마들 한 사람 한 사람이 처한 자리에서 하나님의 지혜를 적용할 수 있는 지혜의 여성으로, '하늘에 계신 우리 아버지의 눈'으로 엄마들을 볼 수 있고, 판단하기 보다는 사랑 안에서 하나님의 나라와 또는 그리스도를 닮은 삶으로 엄마들을 인도할 수 있는 여성

6. 품는 여성: 엄마들의 헌신을 귀하게 여기고, 힘겨워하는 엄마들과 인내하며 함께 할 수 있는 신실하고, 포용력 있는 여성

7. 듣는 여성: 인생의 힘겨움을 충분히 경험하여 버거운 문제들에 '쉬운 해답'을 제공하는데 신중한 반면, 공감적 듣기와 경건한 지혜로 응답하는 여성

8. 역할 모델 여성: '흠 잡을 데 없이 완벽한' 삶과 가정 때문이 아니라 자신의 인생과 리더십 모두에서 하나님을 지속적으로 날마다 의존하는 모습으로 엄마들에게 역할 모델로 섬길 수 있는 여성

맘투맘 코리아 홈페이지(http://momtomom.kr)의 "내가 멘토맘일까?"라는 글을 보라.

디2 리더 후보로 선별된 엄마들에게
"내가 멘토맘일까?" 라는 글을 복사해서 주라

디2 리더의 할 일

일반적으로 말해서, 디2 리더들은 다음과 같은 일에 헌신한다.

1. 엄마들을 알아라. 듣고, 듣고, 또 들어라. 엄마들이 무슨 말을 하는지, 어떻게 말하는지, 말하지 않는 것은 무엇인지 알아라. 그들의 자녀들 이름과 나이를 알아라. 각자의 남편 이름과 직업도 알아라.

2. 엄마들을 사랑하라. 각자의 독특함을 인정하고 받아들이라. 맘투맘 모임에 함께 하면서 드러나는 서로의 강점과 약점, 좋은 일과 힘겨운 일, 정직, 사랑, 더 나은 엄마가 되려는 소원을 인정하고 받아들이라.

3. 엄마들을 위해서 기도하라. "사람들은 당신이 한 말은 잊어버린다. 당신이 한 일도 잊어버린다. 그러나 사람들은 당신이 그들로 하여금 느끼게 한 것은 항상 기억한다." 당신의 그룹 안에 있는 엄마들은 자신들이 돌봄을 받고 있으며 안전하다고 느껴야 한다.

4. 엄마들을 돌보라. 마야 안젤루(Maya Angelou)는 "사람들은 당신이 한 말을 잊을 것이다. 사람들은 당신이 한 일도 잊을 것이다. 그러나 사람들은 당신이 그들로 하여금 느끼게 한 것은 언제나 기억할 것이다."라고 말했다. 엄마들은 그룹 안에서 돌봄을 받고 '안전함'을 느낄 필요가 있다.

5. 엄마들을 도우라. 그들이 서로를 다양한 방식으로 돌볼 수 있게 하라.

6. 엄마들과 함께 축하하라. 출산, 생일, 성과, 그 외 다른 경사들을 축하해주라.

7. 엄마들과 함께 있는 시간을 즐기라. 아마도 그들과 함께 보내는 시간으로 엄청난 유익을 누리게 될 것이다.

> "사람들은 당신이 한 말을 잊을 것이다. 사람들은 당신이 한 일도 잊을 것이다. 그러나 사람들은 당신이 그들로 하여금 느끼게 한 것은 항상 기억할 것이다."_마야 안젤루

디2 리더에게 요구되는 구체적인 과제들

1. 정해진 맘투맘 사역 일정을 잘 지키라.

2. 맘투맘 모임에 잘 참여하라.

3. 후속 리더십 훈련과 팀 워크를 위한 '맘투맘 뒤풀이'(Chew 'n' Chats) 모임에 참여하라. 이 모임은 한 달에 한번 맘투맘 모임이 끝난 뒤 약 90분 동안 갖는다. '맘투맘 뒤풀이'는 개인적인 나눔과 기도의 시간, 브레인스토밍과 문제 해결을 위한 시간, 또는 그룹 활성화의 촉매자인 리더들을 보완하는 훈련 차원의 (목회자, 상담자, 심리치료사나 그 밖의 외부 강사들로부터) '전문적' 조언을 듣는 시간으로 채워질 수 있다.

4. 당신 그룹의 엄마들과 매주 연락을 나누라.

5. 소그룹 시간 동안 엄마들과 함께 기도하라. 엄마들에게 기도 제목과 기도 응답들을 나눌 수 있는 기회를 주라. 당신 그룹의 엄마들 가운데는 공개적으로 기도하는 건 편하게 여기지 않지만 자신들을 위해서 당신이 기도해주는 것은 고마워하는 이들이 있을 수 있음을 늘 유의하라.

6. 엄마들이 각자의 생각과 느낌을 다른 이들과 편하게 나눌 수 있는 상황이 서로 다를 수 있음을 늘 인식하면서 대화를 활성화시키라. '즉석'에서 어떤 엄마를 지목하지 않도록 주의하라.

7. 심리치료사나 상담자 등과 같은 전문인의 도움이 필요한 상황인지를 파악하라. 팀 리더에게 그러한 상황을 알려주어서 도움이 필요한 엄마들을 소개하라. 팀 리더에게 당신의 교회 목회자들이 인정하는 상담자 명단을 달라고 하라.

팀 리더를 위한 안내:
   디2 리더들에게 당신의 교회에서 검증하고 인정한 상담자 명단을 제공하도록 하라.

린다의 개인적 권면

리더 여러분, 엄마들과 함께 하나님과 우리의 삶에 관해 이야기 나누는 특권과 기쁨이 얼마나 큰지요! 하나님이 맘투맘 사역에 참여하는 젊은 엄마들을 지도하고 격려하도록 부르신 디2 리더들 가운데 여러분의 기쁨이 충만히 퍼져나가기를 바랍니다.

디2 리더들을 어떻게 양육하고 준비시킬 것인가?

맘투맘의 중요한 전제 조건은 젊은 엄마가 자신의 가정을 건강하게 성장하도록 양육하려면 먼저 자기 자신이 성장해야 한다는 사실이다. 마찬가지로, 디2 리더들은 자신들의 그룹에서 더욱 젊은 엄마들을 양육하고 성장시키기 위해 본인들이 성장할 필요가 있다. 따라서 리더십 팀이 지속적으로 영감과 지침을 받는 것이 중요하다. 또한 서로를 지원하고, 서로에게 힘이 되고 활력을 불어 넣기 위해서는 서로 연결되어 있는 것이 중요하다.

기독교 공동체 안에는 힘이 있다. 그리고 맘투맘 리더들이 영적으로 건강하고, 기쁨이 가득한 리더가 되어 젊은 엄마들을 위한 좋은 역할 모델로 존재하기 위해서는 그 힘을 공급받아야 한다. 디2 엄마들에게 다음과 같은 권면을 통해 그리스도의 공동체를 세우는데 헌신하게 하라.

- 기도 시간: 맘투맘 모임에 앞서 기도 시간의 인도 담당. 모든 리더는 간단한 묵상과 기도 시간을 돌아가면서 맡는다. 그러한 간단한 경건의 시간 인도를 순서대로 하면서, 리더들은 서로 더욱 잘 알게 될 것이고 신앙 안에서 자라게 된다.

- 뉴스레터: 매회 모임 때마다 뉴스레터를 발행하고 결석자에게 이메일을 보내라. 이렇게 함으로써 디2 리더들은 리더들에게 알리는 새로운 광고사항과 활동들을 숙지하게 될 것이다.

- 피드백 모임: 매회 모임 후에 갖는 30~40분의 피드백 미팅은 아침 모임의 좋았던 점과 힘들었던 점들을 나눌 수 있는 기회가 되며, 때때로 불거지는 문제를 해결할 수 있는 지혜를 나누고, 필요한 안내와 새로운 정보를 얻게 되는 시간이 된다.

- 기도 이음줄: 디2 리더들 사이에 기도 이음줄을 연결시켜서 어려운 사역 상황에서의 사안이나 필요, 계획 등을 서로 나눌 수 있게 하라.

- 기분 전환의 시간: 당신이 디2 리더들과 함께 하는 모든 일에서, 기쁨과 웃음이 서로의 마음을 엮어준다는 점을 기억하라. 맘투맘은 모든 엄마들이 성장할 수 있도록 설계되었다. 그러나 여기에는 또한 재미가 필요하다! 따라서 디2 리더들과 재미있는 시간을 많이 가지라. 많이 웃고, 많이 사랑하고, 많이 기도하며, 함께 크게 성장하라.

• 맘투맘 뒤풀이(Chew 'n' Chats):

디2 리더들은 한 달에 한번 맘투맘 모임이 끝난 뒤 곧바로 모이는 시간을 갖는다. 대체로 이 시간에 리더들은 개별적으로 점심 도시락을 준비해 오거나 (또는 서로 돌아가면서 식사를 준비하기도 하고), 서로 나눔의 시간을 가질 수 있는 인근의 조용한 식당으로 가기도 한다. 약 한 시간에서, 한 시간 반 정도를 이 모임에 할당하 맘투맘 뒤풀이에는 모일 때마다 번갈아가면서 주된 내용으로 삼아야 할 두 가지 목표가 있다.

1. 그룹을 위한 기도와 나눔

2. 그룹 리더로서의 운영 솜씨를 증진하며, 그리스도인 여성으로서 사고의 지평을 확장하거나, 오늘날 여성과 가족이 직면하고 있는 문제들에 대한 깊은 감수성을 품을 수 있는 기회의 제공

맘투맘 뒤풀이를 위한 자료

디2 리더들을 그들의 사역에 잘 준비되도록 도와주는 연륜 있는 전문가들의 명단을 작성하라. 다음과 같은 사람들이 고려될 수 있을 것이다.

- 소그룹 역동성을 개발하는데 필요한 지식을 갖춘 사람

- 엄마들과 더불어 그들의 신앙 여정에 관해서 대화를 이끌어 내고 좋은 질문을 제기하고 대답할 수 있는 제자도나 전도 담당 목회자

- 여성들을 양육하는데 도움이 될 만한 조언을 해줄 수 있는 훈련된 상담자

- 학대 받은 경험이 있는 여성들을 전문적으로 도울 수 있는 심리치료사. 이러한 분야에서 감수성을 개발하여 학대 받은 여성들에게 어떻게 접근해야 할지 도움을 줄 수 있는 사람

- 리더들에게 상처 입은 사람을 대함에 있어서 어떻게 경계선을 설정해야 할지를 가르쳐주는 심리치료사

• 교회와 공동체에서 현재 직면하고 있는 문제들에 관해서 얘기할 수 있는 가정 사역 전문가

• 독서 후기

🌿 격려에 관하여: 우리가 서로를 어떻게 더 잘 격려할 수 있는지에 관한 책들을 읽고 토의하라. 다음과 같은 책들을 추천할 수 있다.

래리 크랩과 댄 알렌더 공저, 「격려를 통한 영적성장」(복있는사람, 2010)
존 맥스웰, 「함께 승리하는 리더」(도서출판 디모데, 2011)

🌿 영적 훈련에 관하여: 영적 훈련의 심화에 관한 책들을 함께 읽고 토의하라.

빌 하이벨스, 「하나님께 정직하십니까」(도서출판 바울, 2005)
리처드 포스터, 「영적 훈련과 성장」(생명의 말씀사, 2009)

🌿 사랑의 주고받음에 관하여: 토론을 활성화하기 위하여 남편과 아내가 함께 참여하게 하라. 남편들도 토론에 참여할 기회를 주라. 가능하면 다음의 책을 고려하라.

게리 채프먼, 「5가지 사랑의 언어」(생명의 말씀사, 2010)

• 그룹 토의를 위해서 생각해볼 질문들:

"올해 우리 그룹에서 가장 좋았던 순간은…였습니다." 또는
"올해 리더로서 제가 겪은 가장 도전은…였습니다."

• 소그룹 토론(거룩한 수다)의 모델을 보이라: 디2 리더들이 관찰할 수 있는 그룹 활동을 하라. 어떻게 해야 그룹의 모든 구성원들, 즉 말 많은 여성뿐 아니라 조용한 사람들까지 참여시킬 수 있는지 시연하라.

안내: 디2 리더들을 준비시키기 위한 심층 자료들에 관해서는 맘투맘 디2 리더 가이드를 보라.

'맘투맘 뒤풀이' 활성화를 위한 그 외의 생각들

맘투맘: 일 년 전망하기

맘투맘: 연간 모임

당신의 교회에서 맘투맘 연간 계획을 세울 때, 맘투맘 일정을 정함에 있어서 상당한 유연성이 있음을 유념하라. 매주, 격주, 혹은 한 달에 한 번 만날 수도 있다. 당신의 맘투맘 사역은 당신의 교회와 엄마들의 필요에 맞는 구조를 갖추어야 한다. 아이들의 학기 동안만 모일 수도 있다. 하지만 아이들이 균형 잡힌 일정(즉, 학기와 방학이 항상 정해진 대로 진행되는 일반적인 경우―역주)에 맞춰 학교에 다니는 곳에서는, 12개월 동안 모임을 구성하되 학교의 일정과 맞게 쉬는 기간을 두는 것이 가장 좋다.

맘투맘의 각 교재들마다 각 과의 주제들을 모두 다루고, 기념 브런치나 실용 강좌까지 진행하기 위해서는 최소한의 필요한 기간이 있다. 이를 위해서는 보통 한 학기에 매주 모이거나, 일 년 동안 매달 두 차례씩 모여야 할 것이다. 매주 모이기로 계획한다면, 엄마들의 필요와 관심사에 부응할 수 있는 강사들을 중간 중간에 배치할 수도 있다. 이러한 방식은 엄마들에게 남편이나 자녀, 또는 하나님과의 관계에 대해서 경건한 지혜를 가르쳐주는 '다른 음성들'을 듣는 기회를 줄 뿐 아니라, 지속성과 일관성을 제공한다는 측면에서 바람직하다.

모임의 장단점:

매 주	격 주	매 월

맘투맘: 모임 계획

맘투맘이 모이는 요일과 시간을 결정할 때, 엄마들의 필요를 가장 먼저, 그리고 가장 중요하게 고려하라. 또한 탁아서비스를 위한 장소 확보 여부도 확인하라. 대체로 맘투맘 모임은 아침에 이루어질 것이다. 어떤 경우에는 가급적 더 많은 엄마들을 위한 사역이 되게 하기 위해서 아침 시간과 저녁 시간에 따로 따로 맘투맘을 제공하기도 한다. 맘투맘 모임의 기본 순서는 다음과 같다.

전체그룹 → 간식과 친교 → 소그룹
당신의 교회 일정은 아래와 비슷한 모양을 갖게 될 것이다.

> 9:30-10:00 리더 기도 모임 (순번제 인도)
>
> 10:00-10:05 환영과 광고
>
> 10:05-10:20 찬양
>
> 10:20-11:00 전체그룹 강연
>
> 11:00-11:15 간식과 친교 (소그룹 별로 돌아가면서 간식을 준비한다)
>
> 11:15-12:00 소그룹
>
> 12:00-12:30 리더 피드백 미팅

우리의 맘투맘 일정

_____	리더 기도 시간
_____	엄마들 환영하기
_____	시작 광고
_____	전체 그룹
_____	간식과 친교
_____	소그룹
_____	리더 피드백 미팅

전체 그룹

전체그룹 시간 동안, 모든 엄마들과 리더들은 함께 모여 주제 강연을 듣는다. 멤버북은 강연 내용을 쉽게 따라갈 수 있도록 도와준다. 멤버북에는 각 과의 개요와 노트 필기할 공간이 있다.

간식과 친교

엄마들은 음료수와 간식을 먹으면서 서로 격의 없이 얘기하는 시간이 필요하다. 이러한 특별한 시간에 관계가 세워지고 양육이 이루어진다. 환대 팀은 간식 테이블을 준비하며 종이 컵이나 종이 접시를 내놓고 뜨거운 음료수도 제공할 수 있도록 시설을 갖춘다. 소그룹에서는 베이글이나 크림 치즈, 머핀, 과일, 치즈, 쥬스와 같은 간식들을 돌아가면서 준비한다. 임신 중이거나 혹은 다른 건강상의 이유로 섭식의 제한이 있는 엄마들에게 깨끗한 음식을 주면 고마워할 것이다.

소그룹

소그룹 시간 동안 디2 리더들은 강연과 멤버북의 질문들을 토대로 소그룹 토론인 '거룩한 수다' 시간을 인도한다. 또한 기쁨과 걱정을 나누는 기도 시간을 따로 떼어 놓는다. 소그룹 인도에 관한 보완 자료들은 맘투맘 디2 리더 가이드에 나온다.

메모:

_____

_____

_____

_____

_____

커리큘럼

엄마들과 모든 가족, 그리고 더 크게는 교회 공동체까지 변화의 영감을 주는 맘투맘 사역은 그러한 목적
에 따라 커리큘럼이 구성되어 있다. 맘투맘의 커리큘럼은 다음과 같은 이유들에서 가르침과 토론을 위
한 실질적인 핵심 내용을 제공할 것이다.

- '불안한 상황 속에서' 갈등하는 엄마들을 위해 실제적인 도움을 제공하는 동시에 견고한 성
  경적 기반에 든든히 뿌리를 내리고 있다.

- 제한된 시간과 자원 안에서 분주히 살아가는 엄마들에게 핵심적인 자녀교육의 쟁점들을 정
  리해 줄 수 있을 정도로 충분히 넓은 분야를 다룬다.

- 지적인 측면에서 자녀교육의 최근 흐름들을 간파하여 숙고한다.

- 이미 '겪어 본' 사람으로서, 오늘날의 엄마들이 어떠한 상황인지를 이해하는 경험 있는 엄마
  의 관점에서 만들어진 내용이다.

- 소그룹을 위해서 중요한 토론 질문들을 제시하여 상호 교류와 토론이 활성화되도록 설계되
  었다.

- 모든 엄마들의 마음에 말을 걸며, 그리스도인과 비그리스도인들 모두가 친숙하게 사용할 수
  있다.

운영 커리큘럼

운영 커리큘럼은 양질의 맘투맘 프로그램을 실행하고 지속하는데 필요한 정보를 제공한다. 일단 사역
이 정착되면, 이는 지속되어야 한다. 엄마들의 필요는 언제나 중요한 현실이다.

맘투맘 운영 가이드

운영 가이드는 맘투맘 사역의 목적을 규정하며 맘투맘을 시작해서 진행되는 동안 늘 당신과 함께 해야 하는 책이다. 이 가이드를 '방법론'으로 생각해도 좋다. 맘투맘 코리아의 홈페이지(http://momtomom.kr) 로 가면 그밖의 보완적인 도움을 얻을 수 있다. 이 가이드는 맘투맘 팀 리더들을 위해 필요하다.

맘투맘 디2 리더 가이드

디2 리더 가이드는 맘투맘 프로그램의 전체를 개략적으로 볼 수 있게 해주고, 디2 리더들의 역할을 정리 해주며, 소그룹 시간의 활성화를 위한 지침을 제공하고, 소그룹에서 엄마들을 격려하는 유용한 방법들 을 알려준다. 이 가이드는 모든 디2 리더들에게 하나씩 제공되어야 한다.

맘투맘 교재

세 가지 주제를 다루는 교재들이 맘투맘 프로그램에서 사용된다. 이 세 가지 주제들 가운데 어느 것을 먼저 사용해도 무방하다. 모든 교재들은 '구도자들에게 친숙한' 방식으로 설계되었으며 엄마들이 보편 적으로 '느끼는 필요'에서 시작하여 영적인 토대를 점차적으로 심화시키는 방향으로 나아간다.

엄마의 마음을 여는 자녀교육(Inside Out Parenting): 16회로 구성되어 있으며, 엄마의 사명을 다룬다. 하나님의 은혜에 기초하여 내면을 견고하게 다지는 미셔널맘을 위한 영성 훈련이라 할 수 있다. 자녀와 의 대화법, 엄마의 자신감, 자녀의 성품 형성등과 같은 주제들을 다룬다.

마음의 대화(Heart Talk): 12회로 구성되어 있으며, 여성이자 엄마로서 우리 자신(그룹 내 싱글맘들의 필 요에 대해서 특별히 배려하여 민감해야 한다)을 양육해야 할 필요에서 우리가 부모로서 해야 할 일과 하나님 의 딸로서 어떻게 성장해야 할지를 다루며 우리의 가족을 위한 더욱 견고한 영적 토대를 마련하도록 돕 는 교재다.

함께 성장하기(Growing Together): 개인적 성장, 배우자와의 동반 성장, 부모로서의 성장, 그리고 부모 됨의 능력과 같은 사안들을 16회에 걸쳐 다루며 우리가 우리의 자녀들을 성장시킬 때, 하나님께서 우리 를 성장시키신다는 약속에 기초하여 내용이 구성되어 있다.

각 교재들은 멤버북이라 하는데 여기에는 다음의 내용들이 포함되어 있다:

- 전체 강연을 위한 개요
- 소그룹 나눔을 위한 토론 질문들
- 개인적으로 계속해서 읽고 기도하는데 사용될 묵상 페이지: 여기에는 핵심 교훈과 요절들이 담겨 있다. 또한 추가로 읽어야 할 성경말씀들과 매주 실천해야 할 과제들도 제시되어 있다. 맘투맘 코리아에서는 이 묵상페이지의 내용들을 다시 정리하여 엽서로 제공한다.

맘투맘 커리큘럼은 3년 단위로 반복할 수 있도록 설계되었다. 어느 교재를 먼저 하더라도, 돌아가면서 다시 할 수 있는 것이다. 엄마들은 언제라도 참여할 수 있다. 학습에서 반복은 귀중한 가치를 담고 있다. 3년 뒤에 엄마들은 자녀와 다른 단계에 들어서게 들고, 여기서 배운 내용들을 새롭게 적용해야 할 과제를 안게 된다. 더욱이, 소그룹 토론은 항상 이 프로그램을 떠받치는 가장 중요한 구성 요소이다.

특별 행사와 활동들을 위한 제안

각 그룹 마다 다른 종류의 관심과 필요, 자원들이 있다. 따라서 당신의 커리큘럼을 보완해주고 엄마들의 성장을 도울 수 있는 주제를 발견하라. 대부분의 특별 관심주제 행사는 강연이든, 패널 토의든 간에 2시간 전부를 모임에 소요하진 않을 것이다. 특강 강사에게 엄마들이 소그룹에서 나눌 토론 질문들을 미리 준비해달라고 요청하라. 어떤 강사들은 자신의 강연 도중 약간의 소그룹 토론을 위한 시간을 배정하기도 한다. 중요한 점은 외부 강사가 올지라도 이 프로그램의 소그룹 요소를 잃지는 말라는 것이다. 본 커리큘럼을 보완하고 지속성 속에서 다양성을 제공하기 위해 고려해야 할 몇 가지 방안들은 다음과 같다.

초청 강사

- 교회 내 목회자들 (교회에 다니지 않는 여성의 경우 목회자들과 접하게 됨으로써, 주일에 자신들을 도울 사람들을 더욱 잘 알게 되는 잇점이 있다.)

- 당신의 지역 공동체 내 전문가 (소아과 의사, 심리치료사, 가족상담가, 교육가)

- 자신의 경험을 나눌 수 있는 교회 내 디2 여성

- '어려운 상황'을 극복한 지혜를 나눌 수 있는 지역 공동체 내의 젊은 엄마

- 더욱 경험 있는 엄마와 더욱 젊은 엄마와의 대화

강사 초빙에 관한 그 외의 방안들

원탁 토론

디2 리더들의 지혜를 활용하여 (또는 나이 많은 엄마와 젊은 엄마 모두의 생각을 통합하여) 자녀 훈육, 결혼생활, 자녀들과 의미 있는 기념일(성탄절, 부활절, 추수감사절) 보내기 등과 같은 주제들을 원탁 형태로 토론하게 하라. 많은 가능성들이 있다.

원탁 토론 주제들:

실용 강좌(Workshop Days)

일 년에 한 두 차례 '실용 강좌'를 가지라. 엄마들에게 흥미로운 주제들에 관한 다양한 강좌들에 참석하도록 권유하라. 이 날은 아침 시간 전체가 다양한 강사들이 진행하는 강좌에 할애된다. 강사들로는 교회 목회자들, 지역 사회의 전문가들, 디2 리더들, 맘투맘 그룹 내의 엄마들도 가능하다. 고려할 수 있는 주제들은 다음과 같다.

- '초년 엄마의 생존법' (3명 정도의 최근 생존자가 발표한다.)

- '질풍노도의 시기를 준비하는 법' (청소년부 교역자가 십대의 엄마와 함께 발표한다.)

- '어려운 아이를 다루는 법' (특별히 어려운 아이를 다룬 육아의 경험이 있는 유아교육학자의 발표)

- '입양의 기회' (3명의 입양 자녀 엄마와 입양 기관에서 일하는 복지사의 발표)

- '학교 선택' (공립학교, 기독교학교, 대안학교, 홈스쿨 등과 같은 선택사항들이 여러 다른 관점에서 유연하고 신중하게 토론될 수 있다.)

- '자녀와 함께 읽을 명작' (유치원이나 초등학교 선생인 엄마, 또는 아동 문학 전문가의 발표)

- '당신이 영적으로 혼자라고 느낄 때' (신자가 아닌 배우자와 지낸 경험이 있는 한 두 여성의 발표)

- '신앙 탐험' (목회자, 목회자 사모, 또는 경건한 평신도의 발표)

- 꽃 장식, 스크랩북 만들기, 뜨개질, 또는 그 외의 다른 재밌는 강좌들 (다른 이들에게 가르칠 수 있는 기술과 열정을 지닌 엄마의 발표)

맘투맘 코리아 홈페이지(http://momtomom.kr)에서 맘투맘 실용 강좌 등록서를 얻을 수 있다.

린다의 개인적 권면

'신앙 탐험'은 맘투맘에서 제기된 많은 신앙의 질문들에 관심 있는 엄마들이 열심히 참여하는 강좌였습니다. 사람들의 관심이 높든, 낮든 간에 이 강좌를 정기적으로 제공할 것을 권유하는 바입니다. 비록 한 엄마만 관심이 있다 할지라도 신앙 탐험 강좌는 시간을 들일 가치가 있습니다. 강연의 세부 주제들은 무궁무진합니다. 이 강좌는 그 동안 매우 인기있는 시간이었습니다.

그 외의 실용강좌 주제들:

기념 브런치

일 년에 두 차례, 아마도 6월이나 12월 중 전체 그룹이 함께 종강 기념브런치 시간을 갖도록 하라. 하나님께서 당신의 맘투맘 사역을 통해서 행하신 일을 감사하고 기념하라. 테이블을 아름답게 장식하라. 각 그룹에게 다른 종류의 음식을 가져오도록 할당하고 다양한 방식으로 이를 기념하라.

이 프로그램에는 외부 강사나 특별 연주, 또는 드라마 등이 포함될 수 있다. 각 소그룹 별로 테이블에 둘러 앉아 자신들이 함께 한 시간을 마감하는 의미 있는 시간 뿐 아니라, 그와 덧붙여 팀 리더가 간결한 '총평'을 해주는 시간도 포함시키라. 한 해의 마지막에는 각 그룹이 한 멤버를 선정하여 전체 그룹 앞에서 맘투맘이 자신에게 어떤 의미가 있었는지를 나누는 전통을 세우라. 당신의 전체 그룹이 너무 크다면, 시간의 제한을 두면 된다. 각 발표자들에게 2분의 제한 시간을 주라. 그리고 다음과 같은 지면을 주고, 그에 대한 응답을 써서 발표하게 하라.

> "맘투맘이 제 인생에 준 가장 큰 영향은…입니다." 또는
> "맘투맘에 온 이후로, 저는…됐습니다."

> 🕊 린다의 개인적 권면
> 맘투맘 사역을 하는 우리 모두에게 이 시간은 정말로 소중했습니다. 한 해의 하이라이트라 할 수 있습니다. 우리는 이 시간을 녹화해서 의미 있는 순간들을 되돌아보며, 앞으로 다가올 그 시간을 만끽하기도 했습니다. 우리는 하나님께서 올해도 변함없이 맘투맘 사역에 얼마나 선한 역사를 이루셨는지 감사하게 됩니다.

맘투맘 사역 평가

맘투맘은 당신의 교회에서 엄마들을 위한 포괄적인 사역이자 지속적 사역이기 때문에, 계속되는 자체 평가를 통해 사역을 향상 시킬 수 있는 방법들을 찾아야 한다. 적어도 일 년에 한 차례 사역을 평가하는 시간을 확실하게 가지라. 평가를 통해 알게 된 것들을 토대로 후속 개선을 하라. 엄마들이 다른 요일에 모이기를 원하는가? 강사에게 건의하고 싶은 것들은 무엇인가? 소그룹이나 모임 공간의 개선 등과 같은 건의들이 있는가? 교회 목회자들은 어떤 종류의 도움을 주었는가? 사람들에게 시간을 두고 조언을 해달라고 부탁할 때는, 항상 그들의 건의를 신중하게 고려하고 당신이 알게 된 것들을 토대로 새로운 발전 계획을 충분히 시간을 두고 세우라. 평가서 양식은 맘투맘 코리아 홈페이지(http://momtomom.kr)에서 얻을 수 있다.

평가 과정에는 다음의 사람들이 포함되어야 한다.

- 맘투맘 팀 리더

- 디2 리더들

- 맘투맘 리더팀

- 교회 목회자 대표

평가에서 묻고 싶은 질문들:

_____

_____

_____

_____

기도와 찬양의 마무리

한 해의 사역을 기도로 시작했듯이, 한 해의 마침도 기도와 찬양으로 하라. 리더 팀, 기도 팀, 디2 리더들과 시간을 갖고 하나님께서 올해에 엄마들의 삶과 그들의 가족들에게 행하신 일들로 인해 감사하라. 이러한 기도와 찬양의 시간은 한 해의 마무리가 가까워오면서 당신이 해야 할 가장 중요한 일 가운데 하나일 것이다.

린다의 마지막 권면

종종 이런 질문을 받습니다. "아빠들을 위한 프로그램은 없나요?" 이 교재가 엄마들을 특별하게 염두에 두고 고안된 것이지만 참석하는 여성들은 자신들의 남편들 또한 이러한 내용에 관심이 많음을 발견하게 될 것입니다. 당신의 엄마들에게 매주 특별한 시간을 따로 정해서 남편들과 그 주간의 교훈에 관해 대화하도록 격려하십시오.

최근 저는 우리 모임에 참석하는 한 엄마의 남편으로부터 감사의 카드를 받았습니다. 이분은 외과의사로서 일하러 가는 길에 우리 맘투맘 프로그램의 CD를 들었습니다. 여러 남성분들이 주일에 교회의 복도에서 저를 만나면 이 프로그램이 자신의 가족에게 얼마나 큰 영향을 주고 있는지를 말하며 감사를 표하는 일이 자주 일어납니다. 따라서 참석하신 여성들에게 그들의 남편들과 '부요함을 나누도록' 격려하십시오.

당신이 이 교재를 어떻게 사용하든 간에, 저는 이 교재가 엄마들에게 자녀교육 방식에 도움을 주고, 그들에게 자녀들을 허락하신 전능하신 하나님께 희망을 두며, 즐거운 육아를 가능하게 해주며, 엄마들 서로서로가 마음과 마음이 통하는 격려를 나눌 수 있기를 바랍니다. 인생의 다른 어떤 역할을 하든, 엄마 됨은 필수불가결한 역할입니다. 아무도 엄마가 하듯이 자녀에게 엄마 노릇을 대신할 수 없습니다! 하나님은 당신에게 이러한 메시지를 엄마들의 마음과 생각에 새길 수 있는 놀라운 기회를 주고 계십니다. 이 일을 온유와 사랑과 기도로 행하십시오. 그리고 모든 일을 그분의 영광을 위해 하십시오.

하나님께서 "자녀들을 즐겁게 하는 어머니가 되게"(시편113:9) 하시기를!

Mom to Mom Administrative Guide

Inside Out Parenting: A Mom's Mission Member Book
©Copyright 2008 by Lifeway Press
Second printing October 2008
Korean Translation Copyright © 2012
by Naum Publishing, Yongin, Korea

맘투맘 운영가이드
초판발행일: 2012년 11월 22일

지은이: 린다 앤더슨 ㅣ 옮긴이: 김선일
발행인: 유경하 ㅣ 펴낸곳: 도서출판 나음
홈페이지: hppt://momtomom.kr

출판등록: 2012년 9월 4일 제 142호
ISBN 978-89-969719-1-7 03230